BEI GRIN MACHT SICH IHR WISSEN BEZAHLT

- Wir veröffentlichen Ihre Hausarbeit,
  Bachelor- und Masterarbeit

- Ihr eigenes eBook und Buch -
  weltweit in allen wichtigen Shops

- Verdienen Sie an jedem Verkauf

Jetzt bei www.GRIN.com hochladen
und kostenlos publizieren

Impressum:

Copyright © 2012 GRIN Verlag, Open Publishing GmbH
Druck und Bindung: Books on Demand GmbH, Norderstedt Germany
ISBN: 978-3-668-14392-0

Dieses Buch bei GRIN:

http://www.grin.com/de/e-book/300193/geschaeftsprozessmanagement-ziele-auf-
gaben-status-quo-in-unternehmen

Mathias Schätzl

Geschäftsprozessmanagement. Ziele, Aufgaben, Status quo in Unternehmen und Modellierung von Geschäftsprozessen

GRIN Verlag

Geschäftsprozessmanagement. Ziele, Aufgaben, Status quo in Unternehmen und Modellierung von Geschäftsprozessen

Vorgelegt von:

Mathias Schätzl

Inhalt

1 Grundlagen für Geschäftsprozesse

Geschäftsprozessmanagement soll das Unternehmen dabei unterstützen, seine Unternehmensaktivitäten zu verwalten, zu koordinieren und zu optimieren. Das klingt im ersten Moment trivial, jedoch gestaltet sich die Durchführung in der Praxis je nach Sichtweise deutlich komplexer. Deswegen sollen einige wesentliche Begriffe des Themengebietes erläutert werden.

1.1 Ziele und Aufgaben von Geschäftsprozessmanagement

Der Begriff des Geschäftsprozesses wird in der Literatur zumeist synonym zu Prozess verwendet, auch aufgrund der Tatsache, dass über beide Begriffsdefinitionen Uneinigkeit herrscht. *Gaddatsch* (2010, S. 41) definiert Geschäftsprozesse als „eine zielgerichtete, zeitlich-logische Abfolge von Aufgaben, die arbeitsteilig von mehreren Organisationen oder Organisationseinheiten unter Nutzung von Informations- und Kommunikationstechnologien ausgeführt werden können." Dieser Definition fehlt jedoch der ganz klare Kundenfokus, welcher in *Becker, Kugeler und Rosemann* (2008, S. 6) als wesentliches Merkmal von Geschäftsprozessen genannt wird. Diese Kundenorientierung (sowohl intern als auch extern) macht nach *Schmelzer und Sesselmann* (2010, S. 62 ff.) genau den Unterschied zum Prozess aus. Weiterhin wird dort der Geschäftsprozess als Verknüpfung wertschöpfender Aktivität, die Kundenforderungen erfüllen und Geschäftsziele erreichen soll, definiert. Zusammenfassend soll in dieser Arbeit ein Geschäftsprozess als eine Abfolge von Aktivitäten gelten, die durch mehrere Bearbeitungsstellen und ggf. IT-unterstützt ausgeführt wird. Dabei werden sowohl interne als auch externe Geschäftsziele, die aus der Geschäftsstrategie abgeleitet wurden, verfolgt. Wichtig ist auch, dass es einen ganz klaren Start- und Endpunkt (sogenannte End-to-End-Prozesse bzw. Anforderungs-Leistung-Beziehung – vom Kunden für den Kunden) für den Geschäftsprozess gibt.

Zu unterscheiden gilt es des Weiteren noch verschiedene Arten von Prozessen: Kernprozesse sind die wichtigsten, da sie den Leistungserstellungsprozess abbilden, direkten Kundenkontakt bedeuten und unternehmensspezifisch sein können. Steuerungsprozesse sind für das Zusammenspiel aller Geschäftsprozesse verantwortlich und unterstützen vor allem das Management. Unterstützungsprozesse haben nur einen geringen Anteil an der Wertschöpfung, unterstützen aber die Kernprozesse bei der Leistungserstellung (Gaddatsch 2010, S. 44 f.).

Auch der Begriff des Geschäftsprozessmanagements ist nicht einheitlich definiert. Die Begriffe Geschäftsprozessmanagement und Prozessmanagement werden in dieser Arbeit synonym verwendet. Für *Weske* (2007, S. 4) besteht Prozessmanagement aus Techniken und Methoden, um Geschäftsprozesse zu steuern, zu definieren, auszuführen und zu kontrollieren. *Schmelzer und Sesselmann* (2010, S. 5 ff.) bezeichnen Geschäftsprozessmanagement als ein „integriertes System aus Führung, Organisation und Controlling, das eine zielgerichtete Steuerung der Geschäftsprozesse ermöglicht. Es ist auf die Erfüllung der Bedürfnisse der Kunden (...) ausgerichtet und trägt wesentlich dazu bei, die strategischen und operativen Ziele des Unternehmens zu erreichen". Die Definition in dieser Arbeit stellt die Gemeinsamkeiten der Definitionen in den Vordergrund: Geschäftsprozessmanagement ist ein Ansatz zur Analyse, Erfassung, Dokumentation und Ausführung von Geschäftsprozessen. Die Erreichung der Geschäftsziele, welche aus der Geschäftsstrategie abgeleitet werden, und die Kunden stehen dabei absolut im Vordergrund.

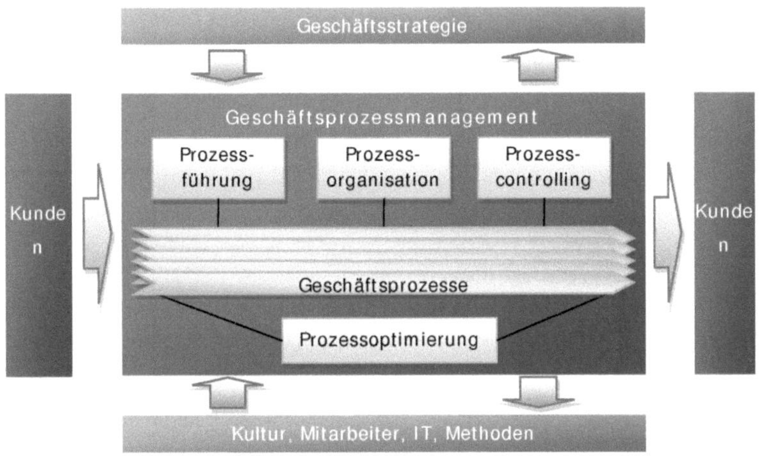

Abbildung 1.1 System und Aufgabenfelder des Geschäftsprozessmanagements
Quelle: entnommen aus Schmelzer und Sesselmann (2008, S. 8)

Das Thema Prozessmanagement ist ein sehr komplexes Konstrukt aus verschiedenen unterschiedlichen Aufgabengebieten. In der Abbildung 1.1 soll das System genauer dargestellt werden: Den einzelnen Aufgabenfeldern Prozessführung, Prozessorganisation, Prozesscontrolling und Prozessoptimierung lassen sich die entsprechenden Aufgaben innerhalb des Geschäftsprozessmanagements zuordnen.

So gilt es innerhalb der Prozessführung die Prozesskultur, -vision und -mission im Unternehmen zu kommunizieren und zu fördern (Schmelzer und Sesselmann 2010, S. 7 ff.). Dadurch soll auch die neue Denkweise bei den Mitarbeitern etabliert und gestärkt werden. Dieses Aufgabenfeld kann als Wichtigstes der vier angesehen werden, da das Bewusstsein der Mitarbeiter und die Etablierung des neuen Prozessdenkens auch durch die Führungsebenen maßgeblich für den Erfolg entscheidend ist. Dafür werden in Unternehmen oft eigene Abteilungen zum Zwecke des Change Managements (Änderungsmanagement) organisiert. Die Prozessorganisation hingegen hat die Aufgabe, alle Geschäftsprozesse im Unternehmen zu identifizieren, dokumentieren, modellieren und zu gewichten. Dabei werden auch die Rollen und Verantwortlichkeiten für die Prozesse festgelegt. Innerhalb des Prozesscontrollings werden für jeden Prozess Ziele und Messgrößen definiert, um jederzeit die Prozessleistungen kontrollieren und messen zu können. Das letzte Aufgabenfeld ist die Prozessoptimierung, welche durch kontinuierliche Leistungssteigerung oder durch das Reengineering, also das komplette Neugestalten, von Geschäftsprozessen Prozessverbesserungen schaffen soll. Um diese Aufgaben erledigen zu können, spielen die Prozesskultur, die Mitarbeiter, die IT und die Methoden als Schlüsselfaktoren eine entscheidende Rolle (Schmelzer und Sesselmann 2010, S. 7 ff.).

Ein wichtiger Einflussfaktor auf das Geschäftsprozessmanagement von Unternehmen ist zudem auch die Geschäftsstrategie. Die Strategie hat nach *Schmelzer und Sesselmann* (2008, S. 115) großen Einfluss auf die Ziele und den Stellenwert der Geschäftsprozesse. Ändert sich die Geschäftsstrategie, so hat dies in vielen Fällen auch Auswirkungen auf die Geschäftsprozesse und umgekehrt (z.B. bei der Umsetzung der Wettbewerbsstrategie). Geschäftsprozesse haben damit also direkten Einfluss auf die Effektivität und Effizienz und damit auf den Erfolg des Unternehmens. Somit ist zum erfolgreichen Geschäftsprozessmanagement eine Abstimmung von Geschäftsstrategie und den Geschäftsprozessen zwingend erforderlich.

Insgesamt gesehen können unter anderem folgende Punkte als Ziele von Geschäftsprozessmanagement gesehen werden:

- Steigerung der Effektivität und Effizienz des Unternehmens durch Optimierung der Prozesse (Schmelzer und Sesselmann 2010, S. 10) zur Ermöglichung von Kosteneinsparungen und Qualitätsverbesserungen.
- Identifikation, Dokumentation, Planung, Modellierung und Überwachung von Geschäftsprozessen zur Schaffung von Transparenz (verbessertes Business IT-Alignment) (Funk, et al. 2010, S. 9) und zur Überprüfung der Einhaltung der Compliance (Müller 2011, S. 23).
- Prozess-Agilität zur Anpassung an sich schnell ändernde Bedingungen am Markt unter Wahrung der bereits gegebenen Effektivität und Effizienz (Garimella, Lees und Williams 2008, S. 8).
- Ganz klare Ausrichtung auf Prozesse, deren Ziele und den Kunden durch Prozessorientierung. Entgegen der sonst üblichen Funktionsorganisation, in der gemeinsame Funktionen zu Abteilungen zusammengefasst werden (z.B.

Vertrieb), werden Abteilungen anhand gemeinsamer Prozesse geformt (z.B. Produktentwicklungsprozess) (Koch 2011, S. 11 ff.).

Fälschlicherweise wird Geschäftsprozessmanagement oft als einmalige Angelegenheit angesehen. Es ist entscheidend, dass es sich um eine langfristige und kontinuierliche Aufgabe handelt. Zur Veranschaulichung dieses Umstandes eignet sich der Geschäftsprozessmanagement-Kreislauf von *Allweyer* (2005, S. 91), der aus den in Abbildung 1.2 dargestellten vier Phasen besteht. Diese bauen aufeinander auf und wiederholen sich zyklisch. *Allweyer* (2005, S. 91 ff.) beschreibt die einzelnen Aufgaben folgendermaßen.

Das strategische Prozessmanagement hat die Aufgabe, das Geschäftsprozessmanagement in der Unternehmensstrategie und im Unternehmen zu verankern und soll garantieren, dass die Geschäftsprozesse die strategischen Ziele des Unternehmens unterstützen. Des Weiteren werden die Kernprozesse definiert und die Prozessorientierung soll im Unternehmen etabliert werden.

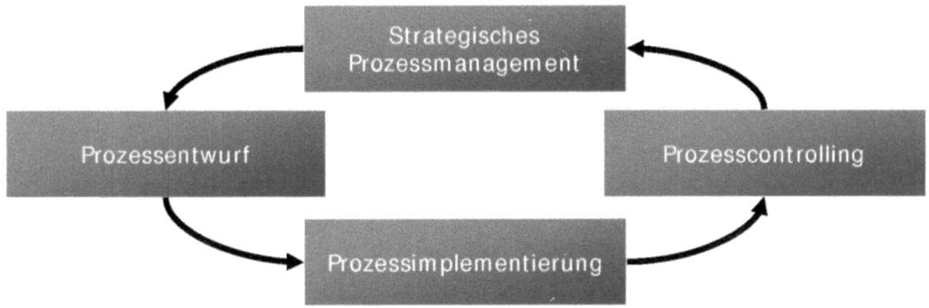

Abbildung 1.2 Geschäftsprozessmanagement-Kreislauf
Quelle: entnommen aus Allweyer (2005, S. 91)

Aufgabe des Prozessentwurfs ist es, die Geschäftsprozesse im Unternehmen zu identifizieren, analysieren (Simulation), ggf. zu verbessern und zu modellieren. Genau in dieser Phase findet also die Geschäftsprozessmodellierung statt, welche in Kapitel 1.3 genauer analysiert wird.

In der Prozessimplementierung findet schlussendlich die Umsetzung der definierten Prozesse statt. Dies beinhaltet in der Regel organisatorische Maßnahmen und oft auch die Einführung neuer Informationssysteme.

Das Prozesscontrolling übernimmt die Überwachung der Prozesse anhand von Kennzahlen (KPI, also Leistungskennzahlen), um absehbare Abweichungen von

Geschäftszielen frühzeitig zu erkennen. In dieser Phase erhaltene Informationen werden dem strategischen Prozessmanagement zugeführt, dessen Aufgabe wiederum darin besteht, die Geschäftsprozesse entsprechend den neuen Informationen und internen oder externen Veränderungen anzupassen.

1.2 Anwendung und Status quo in Unternehmen

In der Theorie sind die Vorgehensweisen bei und Verwendungen von Geschäftsprozessmanagement definiert. Dieses Kapitel soll nun klären, wie und in welchem Umfang Unternehmen diese Managementmethode anwenden. Für die in der Einleitung bereits erwähnten Probleme und Herausforderungen für Unternehmen soll das Geschäftsprozessmanagement eine Lösungsmöglichkeit darstellen.

Herausforderung	Maßnahmen im Rahmen des Geschäftsprozessmanagements
Verkürzung der Produktlebenszyklen	Beschleunigung des Prozesses zur Entwicklung und Einführung neuer Produkte, parallele Entwicklung von Produkten und Prozessen (z. B. durch Design for Six Sigma)
Kundenwunsch nach individualisierten, qualitativ hochwertigen Produkten	Angebot von individualisierten Produkten erfordert schnelle und flexible Prozesse, die bei Bedarf angepasst werden können. Ein Angebot von Gesamtlösungen auf qualitativ hochwertigem Niveau kann nur funktionieren, wenn die einzelnen Prozessschritte ohne Schnittstellenverluste zusammenspielen
Zunehmende Globalisierung	Länderüberschreitende Prozesslandschaften, die einfach funktionieren und die angebotene Leistung überall mit der gleichen Zuverlässigkeit und Qualität anbieten (=Standardisierung)
Zunehmende informelle Vernetzung durch z. B. soziale Netzwerke	Abstimmung von Prozessen und Informationssystemen, um diese optimal nutzen zu können

Zunehmender Kostendruck durch starken Wettbewerb	Entwurf von effizienten Prozessen, in denen unnötige Tätigkeiten und aufwändige Abstimmungen entfallen
Einhaltung von gesetzlichen Regelungen und Nomen (wie z. B. DIN EN ISO 2000)	Dokumentation der Prozesse, um jederzeit nachweisen zu können, dass die gesetzlichen Bestimmungen und die Normen an ein Qualitätsmanagementsystem eingehalten werden

Tabelle 1.1 Herausforderungen für Unternehmen und entsprechende Maßnahmen im GPM

Quelle: basiert auf Koch (2011, S. 20)

In der Tabelle 1.1 sind diese Herausforderungen noch einmal aufgegriffen und es werden Möglichkeiten gezeigt, wie diesen durch Einsatz von Prozessmanagement begegnet werden kann.

Studien und Umfragen (siehe u.a. *Knuppertz, Schnägelberger und Clauberg* (2011) und *Müller* (2011)) der letzten Jahre haben belegt, dass das Interesse an Geschäftsprozessmanagement stark anwächst und dass sich die Unternehmen der sich daraus ergebenden Vorteile bewusst sind. Sie sind sich im Klaren darüber, dass es einen direkten Zusammenhang zwischen den Unternehmensaktivitäten im Rahmen des Prozessmanagements und dem Unternehmenserfolg gibt. So investieren Unternehmen viel Geld in die Verbesserung der Prozesseffektivität und – effizienz und nutzen das Prozessmanagement als Schlüssel, um strategische Unternehmensziele zu erreichen (Müller 2011, S. 10 ff.). Sie verfolgen damit Ziele wie Steigerung der Prozesseffektivität und -qualität, Steuerung von Geschäftsprozessen, sowie Modellierung und Optimierung von Prozessen (Softselect GmbH 2009, S. 5).

Doch obwohl sich die Unternehmen der Bedeutung des Managements von Prozessen bewusst sind, stehen die meisten von ihnen innerhalb des Geschäftsprozessmanagement-Kreislaufs (siehe Kapitel 1.1) noch am Anfang. Viele befinden sich noch im ersten Schritt, dem Strategischen Prozessmanagement, bei der Dokumentation ihrer Prozesse (Müller 2011, S. 10 ff.). Dies gilt aber zumindest als wichtige Voraussetzung, um Prozessmanagement überhaupt erfolgreich durchführen zu können. Nur wenige Unternehmen haben ihre Prozesse bereits modelliert oder sogar schon ein Prozesscontrolling inkl. Kennzahlensystem implementiert. Die Konzentration liegt aktuell mehr darauf, ein standardisiertes Verfahren zur Dokumentation der Unternehmensprozesse einzuführen. Die Umfrageergebnisse deuten jedoch auch darauf hin, dass sich ein weiterer großer Teil der Unternehmen gerade in einer Übergangsphase zwischen Strategischem Prozessmanagement und dem Prozessentwurf befindet (Müller 2011, S. 10 ff.). Das bedeutet, dass das Thema Geschäftsprozessmodellierung in den nächsten Jahren für immer mehr Unternehmen ein wichtiger Faktor sein wird. Viele Unternehmen können also aktuell noch gar nicht vollständig beurteilen, inwiefern ihnen das Management von Geschäftsprozessen Vorteile eingebracht hat, denn nur die Dokumentation der Prozesse ist auf lange Sicht zu kurz gegriffen (Müller 2011, S. 22).

Den größten Nutzen aus dem Management von Prozessen im Unternehmen ziehen laut einer Umfrage von *Minonne, et al.* (2011, S. 19) folgende Unternehmensbereiche: Beratung/Dienstleistungserbringung, Informatik, Beschaffung und Einkauf, Logistik und Verkauf/Vertrieb. Diese Bereiche sind es auch, in denen BPM-Methoden am häufigsten Anwendung finden und wo die meisten entscheidenden Prozessverbesserungen angesetzt werden können.

Unternehmen haben weiterhin mit verschiedenen Problemen in der Praxis zu kämpfen, welche die erfolgreiche Umsetzung von Prozessmanagement hemmen. So gelten z.B. unzureichend erfahrene Mitarbeiter als großes Hindernis. Bei den Mitarbeitern kommt schnell Frustration auf, wenn Ziele nicht erreicht werden können. Der Fehler wird zunächst meist dem Geschäftsprozessmanagement zugeschrieben, obwohl es sich eigentlich um Ungenauigkeiten in der Planung und nicht ausreichend zur Verfügung stehenden Ressourcen (wie z.B. erfahrene Mitarbeiter) handelt. Weiterhin stellt auch das Akzeptanzproblem bei Veränderungen für Unternehmen ein Problem dar, wenn den Mitarbeitern nicht vermittelt wird, warum die Prozesse analysiert, dokumentiert und verändert werden müssen (Knuppertz, Schnägelberger und Clauberg 2011, S. 15). Dies zeigt schon, dass in beiden Fällen noch Erfahrungen gesammelt und Aufklärungsarbeit geleistet werden muss, denn es handelt sich hierbei nicht um grundsätzliche Probleme des Prozessmanagements.

Vor allem sind aber auch folgende kritische Erfolgsfaktoren nach *Minonne, et al.* (2011, S. 17) bei der Umsetzung von Prozessmanagement zu beachten: Unterstützung durch das Management, Festlegung von Verantwortlichkeiten, Anpassung der Unternehmenskultur und Durchgängigkeit der BPM-Methodik. Diese Studie hat im Zusammenhang mit den Erfolgsfaktoren gezeigt, dass Unternehmen, die klare Verantwortlichkeiten für BPM festgelegt haben, in Bezug auf Prozessmanagement am weitesten entwickelt sind. Jedoch wurde auch festgestellt, dass aktuell nur ungefähr die Hälfte der Unternehmen derartige verantwortliche Stellen aufweist.

Auch bezüglich des Schritts Richtung Prozessorientierung zeigt sich in der Praxis schnell, dass Unternehmen den großen Umstellungsaufwand scheuen und, wenn überhaupt, nur langsam ihre Prozesslandschaft entsprechend umsetzen. Nichtsdestotrotz hat sich aber diese Ausrichtung durch die Schaffung klarer Vorteile wie gestiegener Qualität, besserem Verständnis des eigenen Geschäftsmodells und kürzeren Durchlaufzeiten in einzelnen Unternehmen bewährt (Knuppertz, Schnägelberger und Clauberg 2011, S. 17 f.). Anhand der Ergebnisse in besagter Studie ist davon auszugehen, dass die Mehrheit der Unternehmen hier noch deutlich Handlungsbedarf hat.

Ebenfalls zu bemängeln ist die Tatsache, dass Unternehmen ihr Geschäftsprozessmanagement nicht an der Strategie ausrichten. Dies scheint jedoch primär damit zusammenzuhängen, dass die strategischen Vorgaben im Unternehmen nicht detailliert genug sind, um daraus Schlussfolgerungen für die Prozesse ziehen zu können (Minonne, et al. 2011, S. 18). Zur optimalen Ausrichtung der Prozesse und um diese möglichst effektiv mit der Unternehmensstrategie in Einklang zu bringen, ist aber eine derartige Gestaltung absolut notwendig. Demzufolge besteht auch hier noch Handlungsbedarf.

In der Gesamtbetrachtung zeigt sich schon recht schnell, dass noch an vielen Stellen nachgebessert werden muss. Die Unternehmen müssen das Prozessmanagement weiter aktiv vorantreiben, um das volle Potenzial von GPM ausschöpfen zu können. Zumindest verraten die Ergebnisse der einzelnen Studien aber schon, dass die Unternehmen sehr wohl um die Mängel wissen und auch aktiv versuchen dagegen vorzugehen, sodass mit weiteren positiven Effekten auf die Unternehmensprozesse in den nächsten Jahren zu rechnen ist.

Es gibt aber auch Unternehmen, die schon deutliche Erfolge mit Prozessmanagement erzielt haben, sodass diese abschließend in diesem Kapitel nicht unerwähnt bleiben sollen:

Bei Toyota wurden u.a. Überproduktion, Wartezeiten und unnötige Transportwege als große Wettbewerbsnachteile identifiziert und schließlich die Prozesse so angepasst und optimiert, dass nichts produziert wird, wenn es nicht einen entsprechenden Abnehmer dafür gibt. Dies verschafft Toyota den Vorteil, dass sie ein Auto in einem Jahr bauen können, wofür die Konkurrenz mindestens doppelt so viel Zeit benötigen würde (Ko 2009, S. 13).

Auch die BMW Gruppe konnte sich im Wettbewerb Vorteile durch Geschäftsprozessmanagement verschaffen. Besonders der Prozess zur Erfüllung der Kundenwünsche wurde auf höchste Flexibilität, absolute Termintreue und kurze Durchlaufzeiten in der Bestellabwicklung getrimmt. Kurze Entscheidungswege, klare Zielvereinbarungen, qualifizierter Methodeneinsatz und die Unterstützung des Managements ermöglichen es der BMW Gruppe schnell auf Prozessänderungen zu reagieren. Die Vorteile daraus sind u.a. Gewinnung zusätzlicher Kunden, Verringerung der Lagerbestandskosten und Einsparungen durch schnelle und effektive Abläufe (Hoppe, Mißler-Behr und Greiffenberg 2010, S. 71).

1.3 Modellierung von Geschäftsprozessen

Die Modellierung von Geschäftsprozessen soll das Prozessmanagement durch die Konstruktion, Wartung und Anwendung von Geschäftsprozessmodellen unterstützen (Becker 2011) und ist, wie in Kapitel 1.1 bereits dargestellt, Bestandteil des Prozessentwurfs. Nach einer Studie von Gartner nimmt die Modellierung von Geschäftsprozessen einen so hohen Stellenwert ein, dass ca. 40% der gesamten Zeit innerhalb von Prozessmanagement-Projekten dadurch beansprucht wird (Funk, et al. 2010, S. 9). Dies verdeutlicht, wie wichtig und entscheidend der Baustein der Modellierung innerhalb des Geschäftsprozessmanagements ist. Die Geschäftsprozessmodellierung (oder auch Business Process Engineering) darf jedoch nicht mit dem Business Process Reengineering verwechselt werden, das deutlich radikalere Veränderungen und die Neugestaltung der Prozesse fordert. Das Engineering steht für kontinuierliche Weiterentwicklung und Verbesserung der Prozesse (Schönthaler, et al. 2011, S. 18 ff.).

Folgende Ziele werden nach *Koch* (2011, S. 47) und *Funk et al.* (2010, S. 9 f.) unter anderem bei der Prozessmodellierung verfolgt:

- Transparenz der Prozesse und Zusammenhänge für alle Beteiligten
- Fehlervermeidung und Steigerung der Effizienz durch klar dokumentierte Prozesse
- Kostenreduktion durch Identifikation von Einsparungspotenzialen in den Prozessen
- Schaffung von Möglichkeiten zur Prozessoptimierung durch Visualisierung der Prozesse und Dokumentation der Schwachstellen
- Ermöglichung einer Zertifizierung nach DIN EN ISO 9000:1000 durch standardisierte Dokumentation der Prozesse
- Vorbereitung zur Geschäftsprozessoptimierung und –automatisierung
- Festlegung von Prozesskennzahlen
- Compliance Management

Zunächst gilt es jedoch noch zu klären, was unter einem Modell zu verstehen ist. Ein Modell versucht einen eventuell komplexen Sachverhalt der Realität durch Abstraktion vereinfacht darzustellen, wobei versucht wird, die Wirklichkeit auf entscheidende Punkte zu reduzieren. Modelle können dabei auch unterschiedlich genau und aus verschiedenen Perspektiven erstellt werden (Schönthaler, et al. 2011, S. 23 f.).

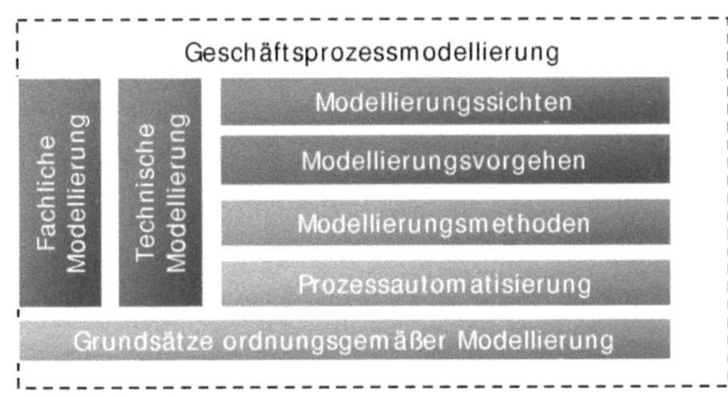

Abbildung 1.3 Bestandteile der Geschäftsprozessmodellierung
Eigene Darstellung

Geschäftsprozessmodellierung wird im Allgemeinen als grafische Erfassung und Abbildung der einzelnen Prozesse und ihrer Regeln verstanden. Dadurch werden Abläufe, beteiligte Ressourcen, bearbeitete Objekte und weitere Details abgebildet (Recker, et al. 2009, S. 335). Das wichtigste Element dabei ist die Ablaufmodellierung, die top-down durchgeführt wird. Das bedeutet, es wird mit einer groben Darstellung des gesamten Geschäftsprozesses begonnen und in nachfolgenden Schritten in weitere Teilprozesse verfeinert. Die so entstandenen Modelle können anschließend wichtiges Wissen zur Überprüfung und Verbesserung der Geschäftsprozesse liefern oder als Grundlage zur Prozessautomatisierung dienen (Schönthaler, et al. 2011, S. 32). Der Nutzen, der daraus entsteht, ist die Schaffung von Transparenz über die betrieblichen Abläufe, die Förderung des Prozessverständnisses und die eindeutige und vollständige Dokumentation der Prozesse. Die Prozessmodellierung ist also eine Grundlage für alle Aufgaben des Prozessmanagements. Die einzelnen Bestandteile der Modellierung sind in Abbildung 1.3 dargestellt und werden nachfolgendend erläutert.

Es gibt verschiedene Arten der Modellierung. Die fachliche Modellierung beschreibt Prozessabläufe und –elemente aus Anwendungssicht und beinhaltet die formale Darstellung des betriebswirtschaftlichen Anwendungskonzepts. Die technische Modellierung hingegen enthält die zur IT-Unterstützung der Prozessabläufe notwendigen Detailinformationen, wie z.B. zu verarbeitende Daten und Schnittstellen zu anderen Systemen (Schmelzer und Sesselmann 2010, S. 419). Dieses technische Modell bildet auch gleichzeitig die Grundlage zur Automatisierung des Prozesses.

Grundsätzlich sind nach *Gadatsch* (2010, S. 130) folgende Sichten der Modellierung zu unterscheiden: Organisationssicht, Datensicht, Funktionssicht, Steuerungssicht und Leistungssicht. Diese Sichten stellen unterschiedliche Sachverhalte von Geschäftsprozessen dar. Alle Details zusammen in einem Modell unterzubringen wäre nicht zielführend und ergäbe ein nur schwer interpretierbares Prozessmodell. Im Fall der Geschäftsprozessmodellierung liegt der Fokus aber ganz klar auf der Steuerungssicht, denn diese dient der Darstellung von Geschäftsprozessen. Jedoch werden z.B. im Rahmen der Datensicht Daten und Datenbanken, die am Prozess beteiligt sind angezeigt oder die Organisationssicht liefert Informationen darüber, welche Abteilung/Person die entsprechende Aktion ausführen soll.

Es gibt in der Theorie keine allgemeingültige Vorgehensweise bei der Modellierung, nur verschiedene Ansätze. *Balzert, Fettke und Loos* (2010, S. 631) haben in ihrer Arbeit verschiedene Vorgehensmodelle in der Literatur untersucht und miteinander verglichen. Diese variieren in der Anzahl der Schritte, deren Benennung und Aufteilung, jedoch ist das Prinzip bei allen gleich und wird in Abbildung 1.4 veranschaulicht. Als Erstes erfolgt eine Prozesserhebung und -dokumentation, in der der zu gestaltende Prozess erfasst und dokumentiert wird (z.B. durch Interviews, Beobachtung, Gruppenworkshops usw.). Bei Schritt zwei handelt es sich um eine Prozessanalyse, also eine genaue Untersuchung des Ist-Prozesses auf Schwachstellen und Probleme. Auf dieser Basis aufbauend können im nächsten Schritt in der Prozesskonzeption ein Sollzustand und Optimierungsmaßnahmen des Prozesses erfasst werden. Diese werden anschließend in der Prozessgestaltung modelliert und in der Prozessimplementierung automatisiert. Das Prozesscontrolling überwacht schlussendlich kontinuierlich vorher definierte Kennzahlen und Schwachstellen und kann ggf. den Prozesskreislauf erneut anstoßen.

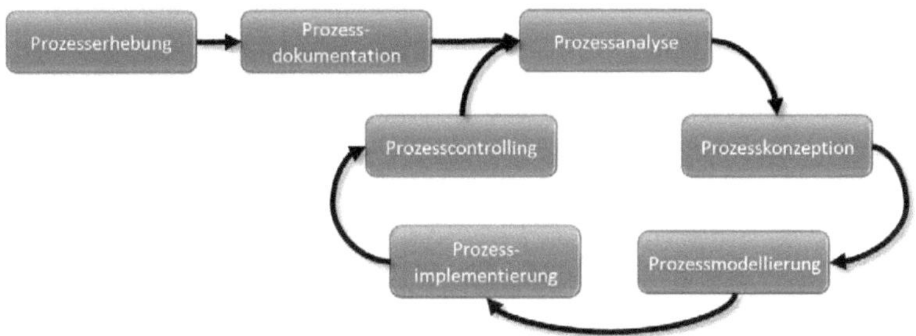

Abbildung 1.4 BPM Modellierungsphasen und –kreislauf
Eigene Darstellung

Zur praktischen Umsetzung der Prozessmodellierung wird eine Methode benötigt. Diese stellt nichts anderes als eine Notation oder Sprache dar, mit der Prozessmodelle anschaulich dargestellt werden können.

Ein weiteres Ziel der Modellierung ist die Prozessautomatisierung (siehe Abbildung 1.3). Das bedeutet allerdings nicht, dass der gesamte Prozess automatisch ablaufen muss, sondern lediglich, dass eine Process Engine (der durch eine Software gesteuerte Teil der Prozesslogik) die Steuerung übernimmt. Diese informiert Prozessbeteiligte über notwendige Aktionen und arbeitet einzelne Aufgaben anhand des technischen Prozessmodells ab. Dieses Modell liefert der Process Engine auch stets Informationen darüber, wo der Prozess gerade steht und wie lange die Abarbeitung von einzelnen Aufgaben dauert. Dies ermöglicht die Messung der Prozessleistung anhand von vordefinierten Kennzahlen und trägt somit auch zum Prozesscontrolling bei (Rücker und Freund 2010, S. 6 ff.).

Als Leitfaden für die Modellierung sei an dieser Stelle noch auf die Grundsätze ordnungsgemäßer Modellierung von *Becker, Mathas und Winkelmann* (2009, S. 39 ff.) hingewiesen, welche eine übergreifende Anwendung bei der Modellierung finden. Die Grundsätze der Richtigkeit, Relevanz, Wirtschaftlichkeit, Klarheit, Vergleichbarkeit und des systematischen Aufbaus haben die Sicherstellung der Qualität der Modelle als Ziel. Diese sollen auch u.a. gewährleisten, dass bei verschiedenen Modellierern nicht unterschiedlichste Modelle entstehen, die nicht miteinander vergleichbar sind.

2 Literaturverzeichnis (inklusive weiterführender Literatur)

Allweyer, Thomas. *BPMN 2.0*. Norderstedt: Books on Demand GmbH, 2010.

—. *Computerwoche - BPMN setzt sich durch in der Praxis*. 9. Februar 2009. http://www.computerwoche.de/software/soa-bpm/1886445/ (Zugriff am 28. April 2012).

—. *Geschäftsprozessmanagement*. W3l, 2005.

Balzert, Silke, Peter Fettke, und Peter Loos. *Universitätsverlag Göttingen - Plädoyer für eine operationalisierbare Methode der Prozesserhebung in der Beratung*. 2010. http://webdoc.sub.gwdg.de/univerlag/2010/mkwi/ (Zugriff am 2. Mai 2012).

Becker, Jörg. *Enzyklopädie der Wirtschaftsinformatik Online-Lexikon*. 6. Oktober 2011. http://www.enzyklopaedie-der-wirtschaftsinformatik.de/wi-enzyklopaedie/lexikon/is-management/Systementwicklung/Hauptaktivitaten-der-Systementwicklung/Problemanalyse-/Geschaftsprozessmodellierung (Zugriff am 15. April 2012).

Becker, Jörg, Christoph Mathas, und Axel Winkelmann. *Geschäftsprozessmanagement*. Berlin Heidelberg: Springer Verlag, 2009.

Becker, Jörg, Martin Kugeler, und Michael Rosemann. *Prozessmanagement - Ein Leitfaden zur prozessorientierten Organisationsgestaltung*. Berlin Heidelberg: Springer Verlag, 2008.

Dr. Bartonitz, Martin. „SAPERION Blog." *SAPERION Blog*. 26. November 2011. http://www.saperionblog.com/lang/de/vom-status-quo-der-standards-im-geschaftsprozessmanagement-und-der-wende-in-deutschland/5428/ (Zugriff am 15. April 2012).

ebPML.org. *ebPML.org - Service Oriented, Process Centric, Model Driven Heresies*. 12. Mai 2009. http://www.ebpml.org/blog/207.htm (Zugriff am 28. April 2012).

Fettke, Peter. *Enzyklopädie der Wirtschaftsinformatik Online Lexikon*. 6. Oktober 2011. http://www.enzyklopaedie-der-wirtschaftsinformatik.de/wi-enzyklopaedie/lexikon/is-management/Systementwicklung/Hauptaktivitaten-der-Systementwicklung/Problemanalyse-/Objektorientierte-Modellierung/UML-basierte-Modellierung (Zugriff am 27. April 2012).

Funk, Burkhardt, Jorge Marx Gómez, Peter Niemeyer, und Frank Teuteberg. *Geschäftsprozessintegration mit SAP: Fallstudien zur Steuerung von Wertschöpfungsprozessen entlang der Supply Chain.* Berlin Heidelberg: Springer Verlag, 2010.

Gaddatsch, Andreas. *Grundkurs Geschäftsprozess-Management.* Wiesbaden: Vieweg + Teuber | GWV Fachverlage, 2010.

Garimella, Kiran, Michael Lees, und Bruce Williams. *BPM Basics for Dummies.* Indiana: Wiley Publishing, 2008.

Harmon, Paul, und Celia Wolf. „BPTrends Business Process Trends." *BPTrends Business Process Trends.* Dezember 2011. www.bptrends.com/members_surveys/deliver.cfm?report_id=1005&target=Pr ocess_Modeling_Survey-Dec_11_FINAL.pdf&return=surveys_landing.cfm (Zugriff am 15. April 2012).

Hierlmeier, Evi. *Computerwelt.ch.* 04. Juni 2009. http://www.computerworld.ch/news/artikel/business-process-management-fuer-alle-48252/ (Zugriff am 20. Juni 2012).

Hoppe, Sebastian, Magdalena Mißler-Behr, und Steffen Greiffenberg. „Business Process Management – Konzepte, Einsatzszenarien und Perspektiven." *Information Management und Consulting*, 2010: 66-74.

Knuppertz, Thilo, Sven Schnägelberger, und Katharina Clauberg. „Umfrage Status Quo Prozessmanagement 2010/2011." *BPM&O Management Beratung.* 2011. http://www.bpmo.de/bpmo/export/sites/default/de/know_how/downloads/Statu s_Quo_Prozessmanagement_2011.pdf (Zugriff am 21. März 2012).

Ko, Ryan K. L. „A computer scientist's introductory guide to Business Process Management (BPM)." *Crossroads*, 2009: 11-18.

Koch, Susanne. *Einführung in das Management von Geschäftsprozessen: Six Sigma, Kaizen und TQM.* Berlin Heidelberg: Gabler Wissenschaftsverlage, 2011.

Mendling, Jan, Matthias Weidlich, und Mathias Weske. *Business Process Modeling Notation - Second International Workshop, BPMN 2010.* Berlin Heidelberg: Springer Verlag, 2010.

Minonne, Clemente, Carlo Colicchio, Matthias Litzk, und Thomas Keller. *Business Process Management 2011 - Status Quo und Zukunft.* Studie, Zürich: vdf Hochschulverlag AG, 2011.

Müller, Thomas. „Zukunftsthema Geschäftsprozessmanagement." *pwc - PricewaterhouseCoopers.* Februar 2011. http://www.pwc.de/de_DE/de/prozessoptimierung/assets/PwC-GPM-Studie.pdf (Zugriff am 21. März 2012).

OASIS. „OASIS - ebBP 2.0.4 Spezifikation." *OASIS - ebBP 2.0.4 Spezifikation.* Dezember 2006. http://www.oasis-open.org/standards#ebxmlbpv2.0.4 (Zugriff am 23. April 2012).

—. „OASIS - WS-BPEL 2.0 Spezifikation." *OASIS - WS-BPEL 2.0 Spezifikation.* April 2007. http://www.oasis-open.org/standards#wsbpelv2.0 (Zugriff am 23. April 2012).

—. *OASIS WS-BPEL Extension for People (BPEL4People) Technical Committee.* 2008. http://www.oasis-open.org/committees/bpel4people/charter.php (Zugriff am 23. April 2012).

Object Management Group. *OMG Object Management Group.* 2012. http://www.omg.org (Zugriff am 22. April 2012).

Olding, Elise. „StrAIT Blogging - Gartner Studie - It's a Matter of Survival: Use BPM to Drive Out Costs." *StrAIT Blogging - Gartner Studie - It's a Matter of Survival: Use BPM to Drive Out Costs.* 12. März 2009. http://straitadvisors.com/wordpress/?p=117 (Zugriff am 24. April 2012).

OMG. „OMG - BMM 1.1 Spezifikation." *OMG - BMM 1.1 Spezifikation.* 1. Mai 2010. http://www.omg.org/spec/BMM/1.1/ (Zugriff am 23. April 2012).

—. „OMG - BPMN 2.0 Spezifikation." *OMG - BPMN 2.0 Spezifikation.* 3. Januar 2011. http://www.omg.org/spec/BPMN/2.0/ (Zugriff am 27. April 2012).

—. „OMG - SBVR 1.0 Spezifikation." *OMG - SBVR 1.0 Spezifikation.* 1. Januar 2008. http://www.omg.org/spec/SBVR/1.0/ (Zugriff am 23. April 2021).

—. „OMG - UML 2.2 Infrastructure Spezifikation." *OMG - UML 2.2 Infrastructure Spezifikation.* 4. Februar 2009. http://www.omg.org/spec/UML/2.2/ (Zugriff am 23. April 2012).

—. „OMG - UML 2.2 Superstructure Spezifikation." *OMG - UML 2.2 Superstructure Spezifikation.* 2. Februar 2009. http://www.omg.org/spec/UML/2.2/ (Zugriff am 23. April 2012).

Pilone, Dan, und Neil Pitman. *UML 2.0 in a Nutshell.* O'Reilly Media, Inc., 2005.

Recker, Jan, Marta Indulska, Michael Rosemann, und Peter Green. „Business Process Modeling - A Comparative Analysis." *Journal of the Association for Information Systems,* April 2009: 333-363.

Rücker, Bernd, und Jakob Freund. *Praxishandbuch BPMN 2.0.* München: Carl Hanser Verlag, 2010.

Schmelzer, Hermann J., und Sesselmann Wolfgang. *Geschäftsprozessmanagement in der Praxis.* Hanser Verlag, 2008.

Schmelzer, Hermann J., und Wolfgang Sesselmann. *Geschäftsprozessmanagement in der Praxis.* Hanser Verlag, 2010.

Schönthaler, Frank, Gottfried Vossen, Andreas Oberweis, und Thomas Karle. *Geschäftsprozesse für Business Communities: Modellierungssprachen, Methoden und Werkzeuge.* München: Oldenbourd Verlag, 2011.

Softselect GmbH. *BPM Expo - BPM Trend Report 2010.* Studie/Umfrage, Basel: Ramco Systems Ltd., 2009.

SourceMedia, Inc. „Snapshot on the Business Process Management Market." *Information Management,* Mai 2011: 8.

Spath, Dieter Univ.-Prof. Dr.-Ing. Dr.-Ing. E.h., Anette Priv. Doz. Dr.Ing. habil. Weisbecker, und Jens Dipl.-Inf. Drawehn. *Business Process Modeling 2010.* Stuttgart: Fraunhofer IAO, 2010.

Swenson, Keith D., Sameer Pradhan, und Mike D. Gilger. „WfMC - Wf-XML 2.0 XML Based Protocol for Run-Time Integration of Process Engines." 23. November 2004. http://www.wfmc.org/Download-document/Wf-XML-2.0-Draft-XML-Based-Protocol-for-Run-Time-Integration-of-Process-Engines.html (Zugriff am 22. April 2012).

The Workflow Management Coalition. „XPDL.org - XPDL 2.2. Spezifikation."
XPDL.org. Februar. 24 2012. http://www.xpdl.org/standards/xpdl-
2.2/XPDL%202.2%20%282012-02-24%29.pdf (Zugriff am 22. April 2012).

van Lessen, Tammo, Bernd Rücker, Torsten Winterberg, und Jürgen Kress. *JAX
Center - Portal für Java, Enterprise Architekturen und SOA*. Juni 2011.
http://it-republik.de/jaxenter/artikel/BPMN-ist-tot-es-lebe-BPEL!-3901.html
(Zugriff am 28. April 2012).

Wagner, Michael. *Computerwoche*. 9. Januar 2007.
http://www.computerwoche.de/software/office-collaboration/586158/ (Zugriff
am 23. April 2012).

Weske, Mathias. *Business Process Management*. Berlin Heidelberg: Springer Verlag,
2007.

BEI GRIN MACHT SICH IHR WISSEN BEZAHLT

- Wir veröffentlichen Ihre Hausarbeit,
  Bachelor- und Masterarbeit

- Ihr eigenes eBook und Buch -
  weltweit in allen wichtigen Shops

- Verdienen Sie an jedem Verkauf

Jetzt bei www.GRIN.com hochladen
und kostenlos publizieren